ÄRGERN KÖNNTE ICH MICH STÜNDLICH – MUSS ICH ABER NICHT

Das Selbstcoaching-Programm

Sabine Waldmann

ANLEITUNG zu den 40 Coachingkarten

Schirner Verlag

Wir verzichten auf das Einschweißen unserer Kartensets – **UNSERER UMWELT ZULIEBE!**

ISBN 978-3-8434-9163-1

Sabine Waldmann
Ärgern könnte ich mich stündlich – muss ich aber nicht
Das Selbstcoaching-Programm

Box, Karten & Anleitung: Simone Fleck, Schirner, unter Verwendung von Illustrationen von Sabine Waldmann
Illustrationen: Sabine Waldmann, www.coachinglight.de
Lektorat: Natalie Köhler, Schirner
Printed & bound by: Ren Medien GmbH, Germany

www.schirner.com

2. Auflage Juli 2021

Dieses Kartenset widme ich mit tiefstem Dank
meiner verstorbenen Freundin Dr. Eva Schmitz-Gilge,
ohne die ich niemals Coachin geworden wäre,
und der Malerei, die meinen Körper so manchen
physischen und seelischen Schmerz hat
vergessen lassen …

Warum wir uns hier treffen ...

Als Systemische Coachin stelle ich in meiner täglichen Arbeit fest, dass immer mehr Menschen von Burn-out betroffen waren oder sind bzw. sich in unterschiedlichen Stadien von Über- oder Unterforderung befinden. Die meisten empfinden eine berufliche und persönliche Unzufriedenheit und emotionalen Stress in unterschiedlichen Ausprägungen, wenn sie schließlich in mein Coaching kommen. Immer weniger Menschen scheint es bedauerlicherweise zu gelingen, ihr volles Potenzial in Freiheit, mit Sinn und unter Berücksichtigung ihrer gewünschten Lebensqualität gesund zu verwirklichen.

Dass diese Entwicklung ein gesamtgesellschaftliches Phänomen ist, zeigt eine repräsentative forsa-Erhebung unter mehr als 1 000 Deutschen. 72 % der Unter-60-Jährigen sind regelmäßig gestresst. Nicht nur die Überlastung in Beruf oder Studium, sondern auch die Vereinbarkeit von Familie und Job, zu hohe Ansprüche an sich selbst oder zu viele Anforderungen im Privaten zählen zu den häufigsten Stressfaktoren. Zwischen 2005 und 2018 hat sich die Anzahl der diagnostizierten Burn-out-Fälle in Deutschland laut einem AOK-Bericht fast verdreifacht. Auch aktuell steigt die Zahl der Betroffenen weiter an. Die Diagnose Burn-out betrifft mittlerweile alle Altersklassen, alle Einkommens- und Bildungsschichten und alle Geschlechter.

2003 habe ich am eigenen Leib erfahren müssen, was es bedeutet, wenn man versucht, rational einem scheinbar festgelegten beruflichen Weg zu folgen. Ich bekam einen Bandscheibenvorfall, der dazu führte, dass ich wochenlang auf die Hilfe anderer angewiesen war. In dieser Zeit lernte ich, die ich mich bis dahin neben meinem Job vor allem um die Familie und um alle anderen gekümmert und erst zuletzt an sich selbst gedacht hatte, mich mit mir und meinen innersten Wünschen auseinanderzusetzen, um beruflich und gesundheitlich wieder Fuß zu fassen. Erst als ich mir eingestand, dass ich mich beruflich dringend neu orientieren musste, um gesund zu werden, und dass ich endlich MEINEN WEG gehen wollte, trat auch eine körperliche und seelische Besserung ein.

Was das Ignorieren der eigenen Bedürfnisse und Wünsche anrichten kann, sehe ich als Coachin seit bald 20 Jahren. Von Anfang an habe ich daher die Arbeit mit inneren und äußeren Bildern und Inspirationssprüchen in mein Coaching eingebaut. Trotz aller Erfahrung bin ich immer wieder erstaunt, welch tiefgreifende Veränderungen entstehen und wie weit sich Türen öffnen können, die vorher fest verschlossen waren, wenn diese Bilder wirklich wahr- und angenommen werden. Deshalb freue ich mich, dass du dich für dieses Kartenset entschieden hast. Denn gleich, wie reflektiert und gut ausgebildet du bist, gleich, welche persönliche Fragestellung dir gerade auf der Seele brennt – es gibt einfach Situationen und Zeiten, in denen du einen Perspektivenwechsel brauchst, um zu neuen Ufern aufbrechen zu können. Und genau dazu habe ich dieses Kartenset entwickelt.

Was ist Systemisches Coaching?

Ganz allgemein gesprochen ist der Begriff »Coaching« zunächst einmal vor allem eins: ein Sammelbegriff für unterschiedliche Beratungsmethoden, die auf individuelle berufliche und/oder private Ziele verschiedenster Personen oder Gruppen hinarbeiten. Die Ziele eines jeden Coachings bestimmen wir als »Coachees«, also diejenigen, die gecoacht werden, immer selbst. Das stärkt unsere Fähigkeit, uns selbst zu organisieren, bzw. stellt sie wieder her. Dafür knüpft das Coaching in direkter Weise an unser Handlungspotenzial an.

Beim Systemischen Coaching betrachten wir immer das mittelbare und unmittelbare Umfeld. Bei berufsbezogenen Fragestellungen richten wir den Fokus z. B. nicht nur auf uns als individuelle Persönlichkeit, sondern wir beleuchten auch die Ebene der beruflichen Organisation sowie die eigene Funktionsrolle in eben jener. Ziel eines solchen Prozesses ist, die eigenen Kompetenzen und die Anforderungen der Organisation an uns als Funktionsträger*in zu reflektieren, beides zusammenzuführen und erste Lösungsschritte zu ermöglichen.

Wenn wir uns selbst coachen wollen, müssen wir bedenken, dass unsere persönlichen Zielsetzungen und Entscheidungen meist sehr eng mit unserem Umfeld und den äußeren Vorgaben vernetzt sind. Wir sollten unsere Perspektive erweitern und auch das System betrachten, das uns umgibt. Meist stellen wir im Laufe eines Coachingprozesses z. B. fest, wie wenig unsere Werte und Wünsche mit denen unseres privaten oder beruflichen Umfeldes übereinstimmen oder welche unveränderbaren strukturellen Voraussetzungen unser Wachstum ausbremsen. Oft wird uns auch deutlich, welche unserer persönlichen Kompetenzen nicht gesehen oder auch nicht gebraucht werden und dass dies die Ursache für unseren emotionalen Stress ist, da es unsere Zufriedenheit verringert oder gar verhindert.

Mit einem Coaching können wir neue Ideen und Handlungsoptionen sichtbar machen, die bisher in unserem Inneren »schlummerten«, aber aufgrund unterschiedlichster Umstände nicht an die Oberfläche kommen oder nicht gesehen werden konnten.

Deine ersten Schritte zum eigenen Ziel

Wenn wir etwas in unserem Leben verändern wollen, uns vielleicht schon im Umbruch befinden, ist es wichtig, dass wir uns möglichst schnell einen Überblick über unsere »Baustellen« verschaffen, damit wir wieder selbstbestimmt und handlungsfähig werden. Dabei ist besonders bedeutsam: Die Entscheidung für eine Veränderung – z.B. im Verhalten – und/oder für eine persönliche Neuorientierung sollte ausschließlich von uns selbst ausgehen.

Um diese Entscheidung treffen zu können, müssen wir uns unserer eigenen Wünsche und Bedürfnisse bewusst werden. Als wirkungsvolles Instrument hat sich in meiner täglichen Coaching-Praxis die Arbeit mit inneren und äußeren Bildern erwiesen. Immer wieder sehe ich, wie Menschen aufblühen und ins Handeln kommen, wenn sie Zugang zur eigenen Seele und zu ihren eigenen Bedürfnissen bekommen, wenn Bilder mit einem passenden Inspirationsspruch Türen öffnen, von denen die Coachees gar nicht wussten, dass sie existieren. Das macht erste Schritte zum eigenen Ziel und damit einer größtmöglichen Selbstbestimmung Platz.

Wir alle wissen oder fühlen, dass Bilder deutlich schneller ins Auge fallen, ihr Sinn in Sekundenbruchteilen erfasst wird und mitten ins Herz treffen kann, während der Inhalt von Texten häufig nach kurzer Zeit vergessen wird. Ich selbst als Hochsensible verband Bilder schon immer mit Emotionen und Stimmungen. Doch hochsensibel oder nicht: Jeder kann emotionale Botschaften und Inspiration aus Bildern ziehen. Alles, was wir tun müssen, ist, uns für die Bilder zu öffnen. Lassen wir uns von ihnen berühren, wollen wir uns in der Folge ganz automatisch mit den damit zusammenhängenden Themen und Fragen beschäftigen.

Jedes, wirklich jedes Thema erfordert spezifische Fragen. Jahrelang habe ich Postkarten mit inspirierenden Sprüchen gesammelt und sie im Coaching testweise eingesetzt, noch, ohne gezielte Fragen zu stellen. Die Ergebnisse waren schon damals sehr beeindruckend. Deshalb habe ich in den letzten Jahren daran gearbeitet, »gute« Fragen zu sammeln und zu ergänzen. Nämlich die, die berühren, die den Kern treffen – kurz: die richtigen Fragen. Die, die wichtig sind, die zählen.

Und dann stellte ich mir die Frage: Wenn ich die richtigen Fragen stelle, wie könnte ich meinen Coachees zusätzlich eine liebevolle, gedankliche Inspiration ermöglichen? Wie schaffe ich es, dass sie sich selbst coachen können, einen schnellen Zugang zu ihren eigenen aktuellen Lebensthemen finden und diese zielgerichtet und achtsam bearbeiten können? Das Ergebnis hältst du in deinen Händen.

Wie du mit den Karten arbeitest

Nimm dir Zeit für dich, und begib dich möglichst an deinen Lieblingsort, zumindest aber an einen Platz, an dem du ungestört die Bilder und Sprüche auf den Vorderseiten der Karten auf dich wirken lassen kannst. Um deine passende Karte zu finden, entscheide dich für eine der beiden folgenden Varianten.

Du findest in diesem Kartenset bewusst Bilder im Hoch- und Querformat mit dem Ziel, deinen Perspektivenwechsel noch mehr zu erleichtern.

VARIANTE 1:
Schaue dir im ersten Schritt jedes einzelne Bild an, und entscheide ganz spontan, welches dich sofort anspricht. Denke nicht lange darüber nach, warum das so ist, sondern folge deinem Bauchgefühl. Sammle diese Bilder auf einem Kartenstapel, und lege die Bilder, die dir heute nicht entsprechen, auf einem zweiten Stapel ab. Dann verkleinerst du den Stapel der Karten, die dich ansprechen, so lange, bis nur noch maximal 2 Karten übrig sind – nämlich die, die dir heute besonders richtig und wichtig erscheinen. Erst dann widmest du dich den Fragen auf der Rückseite. Auch hier gilt: Wähle die Fragen, die dich sofort ansprechen. Ergänze gern eigene, die dir zu deinem Thema einfallen. Erst dann geht es an die individuelle Beantwortung deiner gewählten Fragen. Sie werden zu deinen aktuellen Leitfragen.

VARIANTE 2:
Fächere die Karten in deiner Hand auf, und vertraue deiner Intuition. Dann ziehe die Karte, die dich heute ruft, und schaue, wohin dich das Bild und der Spruch führen. Es gibt weder Richtig noch Falsch – dein Bauch wird dir den Weg zeigen und dich zu dem Thema führen, das für dich gerade wichtig ist. Lies erst dann die Fragen auf der Kartenrückseite und beantworte diejenigen, die dich ansprechen.

Eine Karte ist fertig bearbeitet, wenn du alle Fragen beantwortet hast, wenn dir zunächst keine weiteren Fragen mehr einfallen bzw. wenn du zu einer Lösung oder zu neuen Sichtweisen gelangt bist. Je nach Thema und Anzahl der Fragen kann die Zeit, die du für eine Karte benötigst, variieren. Ziehe oder wähle pro Tag maximal 2 Karten, damit du für jedes Thema genug Zeit und Muße hast.

Ich empfehle dir, deine Fragen und Antworten in ein schönes Notizbuch zu schreiben, das dir schon beim Anschauen Freude bereitet. Ergänze später neue Gedanken, Impulse und Ideen, um deine Entwicklung betrachten zu können. Denn es kann gut sein, dass du im Laufe der nächsten Wochen immer einmal wieder auf eine Karte stößt, die dich animiert, ein »altbekanntes« Thema wieder aufzugreifen und dich erneut mit ihm auseinanderzusetzen. So wird dein Notizbuch zu einer »Landkarte«, die dir deinen Weg zeigt. Gib dir Zeit, und vertraue dem Prozess.

Wie dieses Kartenset entstanden ist

Während des Corona-Lockdowns hatte ich starke Schmerzen und suchte eine Möglichkeit, diese irgendwie zu mindern. Mir fiel ein Aquarellkasten ein, den ich mir einmal gekauft hatte. Und damit begann mein persönliches Wunder. Denn ich, die ich für meine Kinder früher nicht einmal einen Hund hätte malen können, der nicht auch ein Schwein hätte sein können, stellte fest, dass ich Bilder malen kann. Ich empfand beim Malen eine tiefe Ruhe, die Schmerzen wurden weniger, meine Kreativität explodierte regelrecht. Im Laufe der Zeit teilte ich einige Bilder öffentlich und testete die Reaktion darauf. Und ich durfte entdecken, welch tiefe Empfindungen und neue Motivation, welche Zugänge zu inneren Anteilen und erste Schritte in neue Richtungen mir von vielen Menschen zurückgemeldet wurden. Das war das Startsignal, die Ermutigung für mich, dieses Kartenset zu entwerfen.

Über die Autorin

Sabine Waldmann ist seit 2002 als selbstständige Coachin und Trainerin tätig, nachdem sie 15 Jahre lang u.a. als Vorstandssekretärin (Industriekauffrau) und als Hotelleiterin (Hotelfachfrau) arbeitete. Sie ist zertifizierte Systemische Beraterin (DGSF), Organisationsberaterin (SG/DGSF) und hat bereits mehr als 1 000 Systemische Coachings und Workshops geführt. Sie unterstützt Menschen sowohl in der beruflichen als auch privaten (Neu-)Orientierung. Außerdem begleitete sie 5 Jahre lang im Rahmen des Projektes »QuABB« junge Erwachsene in der dualen Ausbildung. Sie ist verheiratet und hat zwei erwachsene Kinder.

Webseite: www.coachinglight.de
Instagram: www.instagram.de/coachinglight
Facebook: www.facebook.com/SabineWaldmannCoachinglight

DANKE!

An dieser Stelle möchte ich mich bei ganz vielen Menschen bedanken, ohne die dieses Kartenset nicht möglich gewesen wäre.

Vielen Dank an meine Lektorin Natalie Köhler und an meine Grafikerin Simone Fleck, die mir immer sofort, umfänglich und äußerst hilfreich zur Seite standen. Eure Ideen und Vorschläge waren klasse.

Ohne André Ludwig, der mich überhaupt erst motiviert hat, meine Bilder der Öffentlichkeit zugänglich zu machen, gäbe es dieses Projekt nicht. Auch Dennis Möck danke ich von Herzen dafür, dass er den Kontakt zu Heidi und Markus Schirner so schnell und unkompliziert hergestellt hat. Heidi und Markus bin ich zu tiefem Dank verpflichtet, weil sie mir als völligem Neuling in diesem Bereich sofort eine Chance gegeben und mich sehr motiviert und gefördert haben.

Ohne meine Familie (und dazu zählen nicht nur der beste Mann von allen, meine inspirierende Tochter und mein geerdeter Sohn, sondern auch meine wundervolle Cousine Anke) hätte ich die Arbeit an diesem Kartenset nicht so schnell und völlig frei gestalten können. Ihr seid wirklich die Besten!

Auch an meine Freund*innen geht ein besonderes Dankeschön, denn sie waren die Ersten, die mich auf meinem Weg liebevoll begleitet und immer motiviert und gestärkt haben.

Natürlich danke ich auch von Herzen meinen Klient*innen und Workshopteilnehmer*innen, die durch ihre vertrauensvolle und intensive Arbeit ein ständiger Quell von Inspiration, Zuspruch und Erkenntnissen für mich waren und sind.

Und zuletzt Danke an alle, die mir als frischgebackene Künstlerin in den letzten Monaten bei »Testläufen« in verschiedenen Kunstforen so liebevollen Zuspruch gegeben, mich motiviert und zutiefst berührt haben.

ÄRGERN
KÖNNTE ICH MICH
STÜNDLICH.
MUSS ICH ABER
NICHT.

Worüber ärgerst du dich am liebsten?

Was gibt es dir, dich aufzuregen?

Ärgerst du dich gern vor Publikum oder
lieber allein, lange und im Stillen?

Worauf liegt dein Fokus:
Auf Situationen und Menschen, die dich ärgern?
Oder auf solchen, die dich glücklich machen?

Was sind für dich kleine
kostenlose Momente des Glücks?

Wie kannst du mehr Glücksmomente
in dein Leben integrieren?

DEINE STÄRKE IST IMMER DA.

AUCH WENN DU MANCHMAL VERGISST, WIE VIEL DU DAVON HAST.

Bist du dir deiner Stärke(n) bewusst?

Was sind deine größten Stärken?

Wie oft und in welchen Situationen
nutzt du sie bereits?

Wen oder was bräuchtest du,
um deine ganze Kraft zu spüren?

Mit der alten Liebe im Urlaub.
Und den Bauch voller Freude,
den Schalk im Nacken,
Liebe im Herzen und im Kopf
ganz viele Abenteuer.

Wann warst du das letzte Mal
so glücklich, dass du
ständig lächeln musstest?

Wann so unbeschwert wie in der Kindheit?

Wie viele Abenteuer gönnst du dir aktuell?

Warum sind es nicht mehr?

Wie viel Liebe gibst und nimmst du?

GLÜCK NIMMT MANCHMAL DEN LÄNGEREN WEG ZU DIR. ES HAT SEINEN EIGENEN WILLEN UND SEINE EIGENE LOGIK. DOCH DU KANNST DICH AUF ES VERLASSEN.

Was verunsichert dich gerade?

Welche Ängste und Krisen hast
du bereits erfolgreich überwunden?

Wie hast du das geschafft?

Was hindert dich noch daran,
deinem Glück zu folgen?

Was genau tust du schon für dein Glück?

Und eines Tages schaut die
»Ist mir sowas von Latte«-Fee
vorbei, nimmt mich in den Arm
und sagt:

**»Alles wird gut.
Versprochen.
Du bist großartig.«**

Welche Fee brauchst du jetzt?

Welche besonderen Fähigkeiten
soll sie dir schenken?

Was wäre dann anders?

Wie kannst du die Zeit bis zum
»Idealzustand« überbrücken?

Was hast du auf dem Weg zum Ziel
schon geschafft?

Sei lieber einzigartig als immer nur perfekt.

Du bist genau richtig.

Weißt du, was dich so einzigartig macht?

Wer könnte dir dabei helfen,
deine Einzigartigkeit zu sehen
und zu beschreiben?

Was sind deine besonderen Merkmale?

Was hindert dich daran,
ganz du selbst zu sein?

Wie perfekt musst du vermeintlich sein?
Und warum?

BEINE IN DIE LUFT,
FÜHLER IN DEN WIND
UND EINFACH MAL
NICHTS TUN.

DAS IST MEIN HEUTIGES MOTTO.
HAST DU HEUTE SCHON EINE FLUGPAUSE EINGELEGT?

Was ist dein Motto für heute?

Was ist dein Plan für den Rest der Woche?

Was willst du erreichen?
Was bewusst von deiner
To-do-Liste streichen?

Teilst du deine Kraft gut ein?

Nimmst du dir genügend Auszeiten?

Was fehlt dir noch,
um besser Nein sagen zu können?

Wozu möchtest du öfter Ja sagen?

GELD UND BESITZ
SIND MIR EGAL.
NUR DIE
SEELE ZÄHLT!

Was beeindruckt dich?

Warum tut es das?

Was davon hast/bist du selbst schon?

Was (noch) nicht?

Wie kannst du das bekommen
oder erreichen?

Gleich, wie schön eine Tür aussieht –
manchmal ist es besser, wenn sie zubleibt.

**Deine Tür wird sich öffnen,
wenn sie für dich bestimmt ist.**

Welche Tür soll sich gerade
für dich öffnen?

Was ist hinter ihr verborgen?

Was wäre anders,
wenn sich deine Wunschtür öffnet?

Was würdest du tun,
wenn sie geschlossen bleibt?

Was wäre dann eine Alternative,
um an dein Ziel zu gelangen?

Mit Ruhe in der Brust, dem Wind um die Nase und dem Blick geradeaus erkennst du die Freiheit, dass du das tun darfst, was deine Bestimmung ist.

Liebst du mehr als 70 % dessen,
was du beruflich tust?

Falls nein, wie gleichst du die
fehlende Befriedigung aus?

Wo nimmst du dir die Freiheit,
die du brauchst?

Wie oft bist du in der Natur?

Wie viele magische Momente
gönnst du dir?

Sind Ruhe und Aktion
einigermaßen ausgeglichen?

ES LIEGT AN DIR,
WELCHEN WOLF DU FÜTTERST.

Welchen deiner inneren
Anteile (Wölfe) fütterst du?
Den dunklen, schattenhaften?
Oder den liebevollen, offenen und achtsamen?

Wie oft? Mit was? Und warum?

Welche Seite in dir lebst du wann?
Und welche öfter?

Wie glücklich macht dich das?

Welcher Wolf soll stärker werden?
Und warum?

Mache dir am Ende des
Tages bewusst,
dass du heute dein Bestes
gegeben hast.
Es ist gut genug.

Wie viel Gutes hast du heute schon getan?

Wie viel wird es bis heute Abend sein?

Was ist das Beste, was du heute tust?

Ist es für DICH gut genug?

Bist du stolz auf dich?
Wenn ja, warum?
Wenn nein, warum nicht?

Deine Träume werden wahr.*

*Wenn du jeden Tag einen Schritt auf sie zu machst.

Welche deiner Träume sind schon Wünsche?
Und welche deiner Wünsche hast du
schon zu Zielen gemacht?

In welcher Zeit möchtest
du diese Ziele erreichen?

Was unterstützt dich dabei, den nächsten
Schritt auf deine Ziele zu zu machen?

Wen oder was brauchst du,
um noch schneller an deine Ziele zu gelangen?

Welche Schritte hast du heute gemacht,
um deinen Zielen näher zu kommen?

Fällt es dir schwer,
den nächsten Schritt zu gehen?
Dann sei gewiss:
Er ist dringend und nötig.

Welchen Schritt möchtest du
als Nächstes gehen?

Wovor genau hast du Angst?

Welche Bedenken bremsen dich aus?

Stell dir bitte vor,
du bist diesen Schritt bereits gegangen.
Was ist anders? Was besser?

Was brauchst du von wem,
um den nächsten Schritt gehen zu können?

WENN DU EIN MEER ÜBERQUEREN MÖCHTEST, BRAUCHST DU MUT, DAS EINE UFER ZU VERLASSEN, UM AN DAS ANDERE ZU GELANGEN.

Zu welchen Ufern möchtest du aufbrechen?

Welchen Proviant brauchst du,
um losfahren zu können?

Was hält dich noch am alten Ufer?

Was erwartet dich am neuen Ufer?

Was davon ist für dich am attraktivsten?

Was würdest du dazugewinnen?

DU DARFST GRENZEN SETZEN

UND SIE KLAR KOMMUNIZIEREN.

Wo kannst du gut Grenzen setzen?

Wo fällt es dir noch ein wenig schwer?

Was fürchtest du,
wenn du noch nicht STOPP sagst?

Was könntest du gewinnen,
wenn du es tust?

Stell dir vor, du hast deine Grenzen
bereits erfolgreich verteidigt.
Wie fühlst du dich?

SEI
NACHSICHTIG
MIT DIR SELBST.
KEINE BLUME
BLÜHT DAS
GANZE JAHR.

Wie nachsichtig bist du mit dir selbst?

Gibst du oft alles, um immer zu »blühen«?
Wenn ja, warum?

Was bedeutet es für dich,
wenn du ständig 120 % gibst?

Wie wirkt sich das
auf deinen Kräftehaushalt aus?

Was würde passieren,
wenn du deinen »Herbst« und »Winter«
zulässt und erst nach dieser Ruhezeit
zu neuer Pracht erblühst?

PROBIER ES MAL WIE FRIEDERIKE:

WENN DAS LEBEN GEMEIN IST, HÄNG EINFACH AB, UND SCHAU IN DEN STERNENHIMMEL.

Was hat dich zuletzt so richtig umgehauen?

Was war dein erster Instinkt:
Flucht, Verharren oder Konfrontation?
Ist das immer so?

Was könnte dir im Fall der Fälle helfen,
dich schnell wieder zu fangen?

Was würde passieren, wenn du
erst mal einen Schritt zurücktrittst,
konzentriert alle Optionen checkst und
dann deine Schritte planst?

Wo kannst du in Ruhe in die Sterne schauen,
um dann wieder aufzustehen und
weiterzumachen?

GUTSCHEIN

»Alles wird gut. Sofort.
Nicht erst am Ende.«

Für was brauchst du gerade einen
»Alles wird gut«-Gutschein?

Was ist das Schlimmste an dieser Situation?

Was ist schon auf dem Weg der Besserung?

Definiere genau:
Was soll (wieder) wie werden?

Was ist das Gute am Schlechten?

Was wäre jetzt anders,
wenn alles gut wäre?

Den Schlüssel zu deinem Glück
findest du nur in dir.
Denn er passt nur in dein Schloss.

Hast du deinen Schlüssel zum Glück schon gefunden?

Wenn nein, was wäre dein größtes Glück?

Was genau fehlt dir noch dazu?

Wie viele Glücksmomente gibt es schon in deinem Leben?

Wie gut sorgst du dafür, dass du dein Glück immer wieder aufs Neue suchen und finden kannst?

Ein Meer spannender Möglichkeiten
wartet auf dich. Du brauchst nur
etwas, was dir den Weg weist.
Vertrau deinem inneren Kompass.

Kennst du deine spannenden Möglichkeiten?

Hast du bereits einen Wegweiser, der dich deinen Pfad erkennen lässt?

Wenn nein, welche Funktionen müsste er haben?

Wohin soll er dich zuerst leiten?

Was rät dir dein innerer Kompass?

SCHÜTZE DEINE TRÄUME GUT.
VOR ANDEREN, ABER AUCH
VOR DIR SELBST.
ANJINTASIA

Welche Träume sind gerade schützenswert?

Vor wem oder was müssen sie geschützt werden?

Welche Maßnahmen nutzt du dazu?

Wie kannst du deine Träume hegen und pflegen,
bis sie stark genug für die Welt da draußen sind?

Was kannst du tun, wenn du selbst wieder mal
dein größter Kritiker/deine größte Kritikerin bist?

DU KANNST WEITER VON DER FREIHEIT TRÄUMEN – ODER DU FLIEGST ENDLICH LOS!

Was bedeutet Freiheit für dich konkret?

Was wäre das Beste daran, frei zu sein?

Bist du eher ein zahmer oder
ein wilder Vogel?

Von wem bräuchtest du eine »Erlaubnis«,
loszufliegen?

Ist das Ziel klar?
Sind die einzelnen Etappen geplant?
Liegt der nötige Proviant bereit?

Was hindert dich genau jetzt daran,
loszufliegen?

FOLGE DEINEM HERZEN.
ERFÜLLE NUR DEINE
EIGENEN ERWARTUNGEN.
FINDE MENSCHEN,
DIE DIR DEN RÜCKEN
STÄRKEN. UND PLÖTZLICH
SIND DA KEINE HINDERNISSE
MEHR, SONDERN NUR NOCH
LÖSUNGEN.

Wohin möchte dein Herz fliegen?

Wo würdest du ankommen,
wenn du ihm einfach mal folgst?

Welche Erwartungen hat dein Umfeld an dich?

Gibt es Menschen, die dich mit ihren
Erwartungen belasten oder sogar belästigen?
Warum erlaubst du ihnen das?

Wer könnte dir den Rücken stärken,
damit du leichter und konsequenter
deinem Herzen folgen kannst?

ALLEINSEIN
HAT EINE GROßE KRAFT.
LERNE, DAMIT
UMZUGEHEN, UND DU
FÜHLST DICH
NIE MEHR EINSAM.

Wie oft gönnst du dir, bewusst ganz allein mit dir zu sein?

Was fällt dir am schwersten, wenn du keine »Ablenkung« von dir selbst hast?

Was passiert, wenn du dir Ruhe gönnst?

Welche besonderen Kräfte hast du bei dir schon entdeckt? Wann?

Wie fühlst du dich, wenn du etwas ganz allein und mit deinen besonderen Stärken vollbracht hast?

Wenn ich genau
hinhöre,
weiß ich immer:
Ich kann alles
schaffen.
Besonders wenn
ich Hunger habe –
Hunger auf das
Leben.

Welchen Hunger spürst du in dir?

Wohin bringt er dich (außer zum Kühlschrank)?

Sorgst du dafür, dass es Tage gibt,
an denen du deinem Hunger auf das Leben folgst?

Was willst/wirst du damit »schaffen«?

Wie fühlst du dich nach einem Tag,
der nur dir gehört?

ELFRIEDE
LEGST DU AUCH
MANCHMAL ZU WENIG
GEWICHT AUF DEINE
WERTE, DAFÜR ZU
VIEL WERT AUF
DEIN GEWICHT?

Wie wichtig ist es dir, wie du nach außen wirkst?

Wie viel deines Auftritts ist Show?
Wie sehr erlaubst du dir, du selbst zu sein?

Was sind deine wichtigsten Werte?

Wie viele davon kannst du leben?

Wie viele lebst du in deinem beruflichen Leben,
wie viele in deinem privaten?

GLAUBE NICHT ALLES,

WAS DU DENKST. ABER HÖRE AUF DEINEN BAUCH, UND MACH GENAU DAS, WAS DU SCHON IMMER TUN WOLLTEST.

Was sind deine »verrücktesten« Glaubensmuster?

Welches davon hält dich am stärksten von einer persönlichen Weiterentwicklung ab?

Was zerdenkst du am meisten? Wie?
Bei welchen Gelegenheiten? Mit welchem Resultat?

Was sagt dein Bauch dazu?

Wie oft hörst du auf ihn?

IN DER RUHE
UND STILLE
LIEGT
DEINE KRAFT.

Wie oft gehst du in die Stille?

Wie viel Stille hältst du aus?

Wie viel Ruhe gönnst du dir?

Welche Kraft möchtest du am meisten stärken?

Wie könnte dir das am besten gelingen?

ACHTE AUF DEIN HERZ,
UND GEH DEINEN WEG.
DENN ES IST DEIN LEBEN.

Kennst du eigentlich deinen eigenen Weg?

Wie strikt folgst du ihm?

Wann machst du Umwege?

Wie oft hörst du auf dein Herz?

Lebst du DEIN Leben?

WENN DAS LEBEN DIR
SAURE TRAUBEN REICHT,
MACH WEIN DRAUS.
MONT VERTOLE
CHATEAU DE PLUM
GRAND CRU CLASSÉ
LAMALOU-LES-BAINS

Trinkst du lieber süßen oder trockenen Wein?
Wie sähe das übertragen auf dein Leben aus?

Wenn du aktuell dein Leben mit einem Adjektiv
beschreiben dürftest, wie würde es lauten?
Und wie sollte es vielleicht lieber lauten?

Gibt es gerade »saure Trauben« in deinem Leben?
Wie sehen diese aus?

Wie kannst du aus ihnen guten Wein
machen und dein Leben damit bereichern?

Achtest du auf die Qualität deines Weins
(deines Lebens)?

Nimmst du dir Zeit,
dein Leben zu einem guten zu machen?

Kämpfe, die du mit deinem Ego ausmachst, sind oft die härtesten.

Mit was kämpft dein Ego gerade?

Was versucht es dir, schlechtzureden?

Stell dir vor, dein Ego heißt Egon und sitzt auf deiner rechten Schulter.
Wer sitzt auf der linken und kommt nicht zu dir durch?

Wenn du Egon einfach mal den Mund zuhältst,
was flüstert dir die Mutmacherin auf der linken Schulter ins Ohr?

Was hält dich davon ab, ihr (öfter) zuzuhören bzw.
ihrem weisen Rat zu folgen?

SUCHE FRIEDEN ZUERST IN
DEINEM EIGENEN HAUS.

Was bedeutet Frieden für dich?

Wie sorgst du für deinen ganz persönlichen
inneren Frieden?

Wo ist dein Frieden am ehesten gestört?

Wenn andere ihn stören:
Kannst du sie gut sie selbst sein lassen
und dich zuerst um deinen eigenen
Seelenfrieden kümmern?

Was regt dich am meisten daran auf,
wenn andere auf dem Kriegspfad sind?

Ob tobender Sturm oder stille See.
Dein stärkster Anker im Leben bist du selbst.

Wie sturmerprobt bist du im Allgemeinen?

Welche Strategie verfolgst du,
wenn du in einen Sturm gerätst?

Welcher Anker ist dein stärkster?

Welche zusätzlichen Maßnahmen haben sich
bisher als besonders wertvoll erwiesen?

Wen wünschst du dir im Sturm an deiner Seite?
Und warum?

NICHT ALLES VERDIENT EINE REAKTION.
BLEIB GELASSEN,
UND LASS DIE ZEIT FÜR DICH ARBEITEN.

Gibt es Menschen oder Dinge,
die ständig deine Aufmerksamkeit fordern?

Geht es dir damit gut oder schlecht?

Wie viel Raum und Bedeutung verdienen
diese Personen oder Dinge tatsächlich?

Was wäre, wenn du einfach mal nicht reagierst?

Was wäre das Schlimmste, was passieren könnte?
Was das Beste?

Wie sieht für dich die ideale Balance zwischen
Geben und Nehmen aus?

WARUM MACHST DU DIR GEDANKEN
ÜBER DIE MEINUNG ANDERER,
WENN DICH ETWAS GLÜCKLICH MACHT?

Wieso ist dir die Erlaubnis anderer,
deinen Weg zu gehen, so wichtig?

Was könnte schlimmstenfalls passieren,
wenn alle anderen gegen deinen Weg sind?

Was könnte bestenfalls geschehen,
wenn du ihn trotzdem gehst?

Wie oft tust du, was dir guttut?

Was fürchtest du, zu verlieren,
wenn du nicht den Wünschen
anderer entsprichst?

MÖGLICHERWEISE IST ES GAR KEIN RÜCKSCHRITT,
DEN DU MACHST. STELL DIR VOR,
DU NIMMST GERADE RICHTIG ANLAUF.

Gibt es zurzeit etwas, was du
als einen persönlichen Rückschritt betrachtest?
Was ist es genau?

Was würde dein Umfeld sagen, ist der größte
Vorteil der aktuellen Situation für dich?

Weshalb kannst du ihn selbst
noch nicht erkennen?

Stell dir vor, du nimmst gerade Anlauf: Was wäre
dein Ziel, wenn du frei entscheiden könntest?

Was wäre jetzt der erste mögliche Schritt?

Wer soll mit dir trainieren,
damit dein Anlauf glückt?

Mit welchen geheimen Superkräften kannst du
sofort loslaufen und den Sprung schaffen?

Schau doch mal genauer hin,
was echt und was Fassade ist,
bevor du dein Leben mit dem
anderer vergleichst.

In welchen Bereichen neigst du dazu,
dein Leben mit dem anderer zu vergleichen?

Was macht dich unzufrieden mit deinem Leben?

Ist das, was du bei anderen so bewunderst,
»in echt« so toll und perfekt,
wie du es gerade wahrnimmst?

Muss immer alles perfekt sein?

Was genau hast du schon in deinem Leben,
auf das du sehr stolz sein kannst?

HATTEST DU EINEN SCHLECHTEN TAG?

ÜBERPRÜFE GENAU, OB ES WIRKLICH EIN MIESER TAG WAR ODER OB ES SCHLIMME FÜNF MINUTEN WAREN, ÜBER DIE DU DICH DIE GANZE ZEIT GEÄRGERT HAST.

Wer oder was genau
hat dich heute schon geärgert?

Warum hatte diese Person oder Situation
so eine Macht über dich?

Was genau hat dich so »getriggert«?

Was am heutigen Tag dagegen
war ein schönes Erlebnis?

Was tust du, um dir heute und jetzt
etwas Gutes zu tun?

Was hast du schon lange nicht mehr
gemacht, obwohl du es total gern tust?

GLEICH, OB ES
EINEN TAG,
EINE WOCHE ODER EIN
JAHR DAUERT:
WENN ES
DEINS IST,
KOMMT ES
ZU DIR.

Auf was genau wartest du,
dass es in dein Leben kommt?

Was lässt dich befürchten,
dass es dich NIE finden wird?

Was ist schon zu dir gekommen,
obwohl du es nie erwartet hättest?

Hast du etwas dafür getan,
oder kam es einfach so?

Was ist schon in deinem Leben
und braucht nur noch ein wenig mehr
»Dünger und Pflege«?